BEI GRIN MACHT SICH IHR
WISSEN BEZAHLT

- Wir veröffentlichen Ihre Hausarbeit,
  Bachelor- und Masterarbeit

- Ihr eigenes eBook und Buch -
  weltweit in allen wichtigen Shops

- Verdienen Sie an jedem Verkauf

Jetzt bei www.GRIN.com hochladen
und kostenlos publizieren

Bibliografische Information der Deutschen Nationalbibliothek:

Die Deutsche Bibliothek verzeichnet diese Publikation in der Deutschen National-
bibliografie; detaillierte bibliografische Daten sind im Internet über http://dnb.d-
nb.de/ abrufbar.

Impressum:

Copyright © 2019 GRIN Verlag
Druck und Bindung: Books on Demand GmbH, Norderstedt Germany
ISBN: 9783346029638

Dieses Buch bei GRIN:

https://www.grin.com/document/501890

Margo Kaiser

Philosophie Didaktik. Ist Charakterbildung möglich?

Was soll der Philosophieunterricht leisten?

GRIN Verlag

GRIN - Your knowledge has value

Der GRIN Verlag publiziert seit 1998 wissenschaftliche Arbeiten von Studenten, Hochschullehrern und anderen Akademikern als eBook und gedrucktes Buch. Die Verlagswebsite www.grin.com ist die ideale Plattform zur Veröffentlichung von Hausarbeiten, Abschlussarbeiten, wissenschaftlichen Aufsätzen, Dissertationen und Fachbüchern.

Besuchen Sie uns im Internet:

http://www.grin.com/

http://www.facebook.com/grincom

http://www.twitter.com/grin_com

Fachbereich Philosophie und Geisteswissenschaften
Seminar: Einführung in die Philosophie Didaktik
Sommersemester 2019

Was soll der Philosophieunterricht leisten?

Ist Charakterbildung möglich?

Margarita Kaiser

6. Fachsemester: Deutsche Philologie/Philosophie

Inhalt

Einleitung

Weshalb sollte Philosophie für junge Menschen wichtig sein? Was soll der Philosophie-/ Ethikunterricht leisten und was bedeutet es Philosophie bezogene Kompetenzen zu vermitteln?[1] Welche Lebensformen sollten im Unterricht thematisiert werden und kann eine für alle wertvolle Auswahl getroffen werden?[2] Sollte man dem Individuum selbst die Beantwortung der Moralfragen überlassen?[3]

Das Philosophieren beginnt zunächst mit der Wichtigkeit, die ein Sachgegenstand für ein Individuum hat und kann ein erfolgreicher Versuch sein, das eigene Denken oder die eigenen Lebenserkenntnisse besser zu verstehen und zu reflektieren. Die Frage, was Philosophie leisten soll, ist aufgrund der Fülle von Ansichten nicht leicht in aller Kürze zu beantworten.[4] Das didaktische Gewicht der Philosophie eröffnet ein ganzes Feld voller Fragen, wenn man nach den Bildungsinhalten fragt.[5] Ist Philosophie möglicherweise tatsächlich eine „Kulturtechnik"[6]?

Philosophie, wenn es als reguläres Fach an Schulen gelehrt wird, muss eine Zwecksetzung verfolgen, die ich in meinen weiteren Ausführungen beleuchten werde. Die Frage nach philosophischer Leistung könnte auch lauten: Wer soll was, wozu, wann und wie lehren/lernen? Die vorliegende Arbeit wird eine mögliche Antwort auf die Frage nach dem „was" und dem „wie" liefern und mit Hilfe von Gedankengerüsten ausgewählter Autoren und eigenen Ansichten einen Vorschlag unterbreiten.

---

[1] Begriffe wie Moral, Wertevermittlung, Persönlichkeitsbildung und andere fallen in erster Linie in das Denkkonstrukt, wenn man sich die Frage nach dem didaktischen Gewicht der Philosophie stellt.

[2] Seit dem Jahr 2006/07 ist das Fach Ethik ein ordentliches Schulfach mit zwei Stunden pro Woche. Dieser Fakt unterstreicht allem Anschein nach, den aktuellen Kanon, die Bedeutung des Faches. Auch deshalb beschäftigt sich diese Arbeit vornehmlich mit den Fragen „Was" und „Wie".

[3] Diese Frage wird in Kapitel 1.2 dieser Arbeit: *Was soll gelehrt werden* näher beleuchtet.

[4] Auf der Homepage der Berliner Senatsverwaltung wird auf die Frage nach dem „was" wie folgt geantwortet: „Im Fach Ethik behandeln die SuS philosophische Fragen und setzen sich mit der Moral des Einzelnen und über generelle Vorstellungen über das Leben auseinander". Ethik soll also zur Fähigkeit beitragen einen friedensstiftenden Dialog führen zu können. Das „wie" findet auf der Homepage leider keine Beantwortung. Siehe: https://www.berlin.de/sen/bildung/unterricht/faecher-rahmenlehrplaene/ethik/

[5] Zum Beispiel: Werden junge Menschen mit der Festlegung der gelehrten Inhalte an bestimmte, der Lehrenden-Wahl unterliegende, moralische Werte verpflichtet?

[6] Martens, Ekkehard: Wozu Philosophie in der Schule, In: Texte zur Didaktik der Philosophie, (Hrsg.) Meyer Kirsten, Reclam, Stuttgart 2010, S. 167.

1. Philosophie in der Schule

Für den Philosophen Martens ist das Philosophieren in der Schule von doppelter Relevanz. Zum einen sei das Philosophieren „eine Kulturtechnik und zugleich ein unverzichtbares Bildungsprinzip"[7]. Die *Kulturtechnik* sei elementar als eine grundlegende Technik zu verstehen. Es sei eine Technik, die das Denken, Sprechen und Handeln untersucht. Zum anderen sieht er die Relevanz und Einsetzbarkeit des Philosophierens darin, dass keine elaborierten Fachkenntnisse der Philosophie vorausgesetzt sind und dies erleichtere den Schülern den Zugang.[8] Die Technik des Philosophierens als Bildungsprinzip fördere das Selbstdenken und somit die Autonomie einer Person. Damit gehöre sie in den Unterricht und sei unverzichtbar für die Persönlichkeitsbildung.[9] Diese Ansicht legt zumindest nahe, dass Charakterbildung möglich scheint.

1.2 Was soll vermittelt werden?

Die Einflussnahme der Philosophie auf einen heranwachsenden Menschen, angeleitet durch eine kundige Person, den Lehrenden, kann gelingen, wenn das Individuum geneigt ist selbst zu denken und sich auszudrücken. Das folgerichtige Artikulieren begrifflich klarer Meinungen ist jedoch ein beschwerlicher Prozess.[10] Das Individuum, das mit dieser Kompetenz gestützt werden soll, muss mehr können, als sich bloß mitzuteilen oder zu urteilen, es muss fähig sein eine Denkleistung zu erschaffen und diese in eine angepasste Form zu bringen. Der Philosoph Martens, der seinen Schwerpunkt unter anderem auf die Didaktik der Philosophie gelegt hat, postuliert, dass Philosophie ihren Zweck in der Vermittlung von Inhalten finden kann und zwar von Inhalten, die für die Schüler eine praktische Bedeutung haben.[11] Eine Voraussetzung dafür sei die Auseinandersetzung mit den individuellen Problemen der Lernenden, doch ohne eine Wissensvermittlung der Theorien wie Erkenntnis- und Wissenschaftstheorie oder

---

[7] Martens, Stuttgart 2010, S. 167.
[8] Aus Gründen der besseren Lesbarkeit wird im Text verallgemeinernd das generische Maskulinum verwendet. Diese Formulierungen umfassen gleichermaßen weibliche und männliche Personen; alle sind damit selbstverständlich gleichberechtigt angesprochen.
[9] „Zumindest kann und sollte die Institution Schule Philosophieren as Kulturtechnik zur Verbesserung der Reflexionsfähigkeit und somit der Persönlichkeitsbildung unterrichten, da sie eine notwendige Voraussetzung autonomer Lebensführung ist. Daher sollte Philosophie möglichst früh, von Kindheit an, gelehrt, gelernt und geübt werden." Martens, Stuttgart 2010, S. 169.
[10] Vgl. Blesenkemper, Klaus: Kants Denkmaximen und ihre Anwendung als Maximen der Philosophiedidaktik. In: Angewandte Philosophie: Eine internationale Zeitschrift, Heft 1/2017, J. Hardy, O.R. Scholz (Hrsg.), V&R unipress GmbH, Göttingen 2018, S. 22.
[11] Vgl. Martens, Stuttgart 2010, S. 159.

Argumentations- und Sprachtheorie, sei dies nicht zu leisten.[12]

Ein kompetenzorientierter Unterricht ist erst gewährleistet, wenn neben der Methodenvermittlung, die Kompetenzentwicklung gefördert werden kann. Das Vermitteln philosophischer Denkrichtungen kann dabei ein hilfreicher Bestandteil der Kompetenzförderung sein. Das erworbene Wissen kann dann Fachübergreifend eingesetzt werden.[13]

Die *Wertevermittlung* ist ein weiterer Begriff, der die Didaktik umtreibt. Unklar bleibt, welche Werte in einer pluralistischen Gesellschaft vertreten werden sollen.[14] Sollte man Heranwachsenden moralische Regeln vermitteln? Diese Frage lässt sich mit Turiel verneinen.[15] Seiner Ansicht nach sind Kinder im Besitz klarer Konzepte moralischer Regeln. Turiel zufolge können Schüler früh Recht von Unrecht unterscheiden. Ein Indiz dafür sei, dass Kinder auf Hilfsbedürftigkeit reagieren, dass sie Trost spenden können, teilen und helfen. Dies weise Heranwachsende als „kompetente moralische Akteure"[16] aus.[17]

Die Unklarheit über das Wertewahlgerüst führt mich zu den *philosophischen Methoden*, die eindeutiger auszumachen sind, denn eine zentrale Kompetenz des Philosophierens sei das Argumentieren-Können.[18] Argumentieren-Können bedarf der Kenntnis philosophischer Methoden. Ist das Argumentieren eine wichtige Kompetenz, so muss ein wesentlicher Bestandteil des Philosophieunterrichts in der Förderung der Argumentationskompetenz liegen.[19] Diese Fähigkeit versetzt eine Person in die Lage Dinge vielfältig zu hinterfragen. Hier liegt nach Martens der Akzent in der „Philosophie als Tätigkeit des Erkennens"[20]. Dies sei durch das neo-sokratische Gespräch, welches ich in Kapitel 3.2 vorstelle, methodisch zu verwirklichen. Das Wissen über begründete Aussagen und wie man zu diesen gelangt, um über praktische Themen zu reden, befähigt das Individuum eine zielgerichtete Diskussion zu führen. Eine Sprach- oder Denkkompetenz fördert den Diskurs und den friedlichen Austausch von

---

[12] Vgl. Ebd. S.160.
[13] Martens spricht sich dafür aus, dass Schule mehr als nur Wissensvermittlung leisten sollte. Vgl. Martens, Stuttgart 2010, S. 170.
[14] Vgl. Schaber, Peter: Wertevermittlung und Autonomie. In: Texte zur Didaktik der Philosophie, (Hrsg.) Meyer Kirsten, Reclam, Stuttgart 2010, S. 146.
[15] Runtenberg, Christa: Philosophieren mit Kindern über Fragen von Sterben und Tod im elementarpädagogischen Bereich. In: Angewandte Philosophie: Eine internationale Zeitschrift, Heft 1/2017, J. Hardy, O.R. Scholz (Hrsg.), V&R unipress GmbH, Göttingen 2018, S. 29.
[16] Runtenberg, Göttingen 2018, ebd.
[17] „Beim Philosophieren geht es […] auch um wichtige Aspekte der Logik wie das Bilden von Schlüssen, das Vermeiden von Fehlschlüssen, deduktive und induktive Aussagen über die Gültigkeit von Argumenten, die Angemessenheit von Urteilen oder die Logik von Sätzen". Runtenberg, Göttingen 2018, ebd.
[18] Vgl. Runtenberg, Ebd., S. 59.
[19] Ich will das Wort *Kompetenz* als ein Konstrukt aus Fähigkeit und Können definieren. Kompetenzorientierte Ansätze werden gegenwärtig an Schulen für zielführend wie differenziert gehalten.
[20] Martens geht es dabei nicht um die Vermittlung philosophischer Fragen, sondern um die Lebensorientierungsprobleme der Schüler. Martens, Stuttgart 2010, S. 160.

Meinungen. Das Einüben der philosophischen Methoden bereitet den Schüler auf das selbstständige Denken und Handeln vor. Die Forderung nach bestimmten Methodenkompetenzen bedeutet aber nicht, dass die Philosophie bloß auf seine Methoden zu reduzieren sei, dennoch sind sie als Mittel zum Zweck zu begreifen.[21] In Martens Forderung sehe ich Überschneidungen mit Kants didaktischen Maximen, die im nächsten Kapitel kurz dargestellt werden.

1.3 Kants Philosophiedidaktik und die Frage nach dem „was"

Einige fachdidaktische Bemerkungen lassen sich in Kants Nachlass und den Mitschriften seiner Schüler finden.[22] Ebenfalls im Textausschnitt *Nicht Gedanken, sondern denken lernen*[23] lassen sich Kants zentrale didaktische Gedanken erkennen. Auf diesem Gedankenkonstrukt und dem von Martens möchte ich meine weiteren Überlegungen zur Beantwortung der Leitfrage aufbauen.

Johann Gottfried Herder, ein Student Immanuel Kants, beschrieb die hohen didaktischen Qualitäten des Philosophen als *Angenehmen Zwang zum Selbstdenken*.[24] Das Selberdenken ist auch das zentrale Moment kantischer Didaktik. Kants Ansicht nach sollte der Lehrende „nicht Gedanken, sondern Denken lernen"[25] vermitteln. Doch wie ist das *Denken lernen* zu leisten? Einen Vorschlag liefert er mit dem Rollentausch und dem Perspektivwechsel.[26] Dies kann in Gruppenarbeit realisiert werden, da der Austausch von Meinungen dabei gewährleistet wird und in dem „Grundsatz des selbst- und gemeinschaftlich denkenden Selbstbildungsprozess steht"[27].

Analogien dazu sehe ich im szenischen Verfahren und dem Aktivieren eines subjektiven Bezugs zum Sachgegenstand, vermittels der Einbildungskraft. Heutige Studien zum szenischen Verfahren als Methode für den Unterricht konnten schlüssig darlegen, wie geeignet der Rollentausch oder Perspektivwechsel für bleibende Erkenntnisse im Unterricht ist.[28]

---

[21] Vgl. Martens, Stuttgart 2010, S. 164.
[22] Vgl. Blesenkemper Klaus: Kants Denkmaximen und ihre Anwendung als Maximen der Philosophiedidaktik. In: Angewandte Philosophie: Eine internationale Zeitschrift, Heft 1/2017, J. Hardy, O.R. Scholz (Hrsg.), V&R unipress GmbH, Göttingen 2018, S.10.
[23] Kant Immanuel: Nicht Gedanken, sondern denken lernen. In: Texte zur Didaktik der Philosophie, (Hrsg.) Meyer Kirsten, Reclam, Stuttgart 2010, S. 71 - 75.
[24] Vgl. Kant, ebd.
[25] Vgl. Kant: Nicht Gedanken, sondern denken lernen, Stuttgart 2010, S. 73.
[26] Vgl. Blesenkemper, Göttingen 2018, S. 17.
[27] Blesenkemper, Göttingen 2018, S. 23.
[28] Vgl. Tangermann Fritz: Deutsch Methodik: Praxishandbuch für die Sekundarstufe I und II, Gisela Beste (Hrsg.), Cornelsen 2015, S. 95.

Der Philosoph Klaus Blesenkemper sieht durch das Denken in der Gruppe oder Gemeinschaft eine kantische Forderung nach einer synchronen Erweiterung des Denkhorizontes.[29] Einen Mehrwert für den Unterricht hat das Spiel nach Blesenkemper, wenn es methodische Elemente enthält, „die eine Aneignung und Reflexion der Welt und ihrer Deutung"[30] ermöglichen. Nach Kant besteht jedoch das Problem der Didaktik in der Philosophie an ihrer thematischen Bandbreite, außerdem sieht Kant auch nach der Veröffentlichung der *Kritik der reinen Vernunft*, in der Philosophie nur eine mögliche Wissenschaft, eine Idee, die es noch nicht exakt und unmissverständlich gibt. Seiner Ansicht nach kann man Philosophie zwar nicht lernen, aber man könne Wissen über das Philosophieren erwerben.[31] Seine didaktischen Ziele verfolgen Kompetenzen wie Mündigkeit, Emanzipation und Autonomie.[32] Ein souveräner, selbsteigener Umgang mit der Philosophie war ihm wichtiger als beispielsweise das Studium ihrer Geschichte.[33] Doch was bedeutet das und kann man ohne geschichtliches Hintergrundwissen Kants Forderung nach Emanzipation richtig deuten?

2. Persönlichkeitsbildung

Was bedeutet Persönlichkeitsbildung? Die Ausbildung des Charakters? Ist Philosophie in der Lage eine Persönlichkeit nachhaltig zu beeinflussen? Welchen Einfluss sollte sie auf einen Charakter ausüben? Ein Charakter, tritt in seiner vollständigen Erscheinung aus psychologischen Gesichtspunkten erst nach der Adoleszenz auf, so das anzunehmen ist, dass sich dieser vornehmlich in der Schulzeit ausbildet.[34]

Weshalb sollte Charakterbildung im Bildungsprozess wichtig sein? Die Antwort könnte im Ausdruck des Wollens und Handelns einer Person liegen. Ein Mensch ist durch Erlebnisse und erworbene Eigenschaften individuell geprägt, diese individuelle Prägung ist sein Charakter, in ihm kommt das Wollen und Handeln einer Person zum Ausdruck.[35] Der Zweck der

---

[29] Vgl. Blesenkemper, Göttingen 2018, S. 21.
[30] Klager, Christian: Epistemisches Spielen. Spielen als Methode des Philosophieunterrichts? In: Angewandte Philosophie: Eine internationale Zeitschrift, Heft 1/2017, J. Hardy, O.R. Scholz (Hrsg.), V&R unipress GmbH, Göttingen 2018, S.71.
[31] „Um also auch Philosophie zu lernen, müßte allererst eine wirklich vorhanden sein. Man müßte ein Buch vorzeigen können und sagen können: sehet, hier ist Weisheit und zuverlässige Einsicht; lernet es verstehen und fassen […], so seid ihr Philosophen." Kant, Stuttgart 2010, S. 73.
[32] Vgl. Blesenkemper, Göttingen 2018, S. 13.
[33] Vgl. Blesenkemper, Göttingen 2018, S. 11.
[34] Vgl. List, Eveline: Psychoanalyse: Geschichte, Theorien, Anwendungen, 2 Auflage, Facultas- und Buchhandels AG, Wien 2014, S. 190.
[35] Ist es also möglich das Wollen und Handeln einer Person zu formen und in eine bestimmte, der Gesellschaft zu Gute kommende, Verfassung zu bringen?

Kulturtechnik des Philosophierens liegt Martens nach in der Persönlichkeitsbildung.[36] Unter Persönlichkeitsbildung wird im Allgemeinen die Herausbildung des Charakters verstanden, also der Aufbau eigener Identität. Wenn die Kulturtechnik darauf abzielt Identität zu stärken, so ist die Möglichkeit der Einflussnahme durch die Zwecksetzung anzunehmen. Charakter und Persönlichkeit benutze ich, aufgrund ihrer Analogie, synonym.

2.1 Persönlichkeit und Identität

Nummer- Winkler beschreibt, dass in Tiefeninterviews mit Heranwachsenden zwischen 14 und 22 Jahren zwei nennenswerte Extremgruppen unter den Teilnehmern hervortraten.[37] Zum einen fassten sich einige der befragten Individuen als austauschbar auf und andere hingegen als unverwechselbar. Die erstgenannte Gruppe der Selbstzweifler hatte Schwierigkeiten Problemlösungen zu finden, während die Selbstsicheren dreimal so viele Problemlösungsstrategien für Konflikte anbieten konnten. Daraus folgerte die Psychologin, dass ein Individuum, welches sich nicht als Subjekt „gelebter Lebensvollzüge, sondern als bloßes Objekt von Schicksalsmächten begreift"[38], Identität nicht aufbauen kann. Wer sich lediglich als Objekt versteht, kann demzufolge Identität nicht gewinnen.

Lässt sich eine solche Charakterstruktur durch die Philosophie stärken? Der Versuch eine Person durch das Philosophieren in die Autonomie zu führen kann eine Möglichkeit sein dem sich bloß als Objekt verstehenden Individuum eine Hilfestellung zu geben. Die Stütze bestünde darin, sich auch als Subjekt *gelebter Lebensvollzüge* zu betrachten und mündig zu werden, zu einem Individuum, welches eine ausgeprägte Fähigkeit besitzen sich klar zu positionieren. Persönlichkeitsbildung als didaktisches Ziel der Philosophie kann die Einstellung der Schüler zu sich selbst und gegenüber ihrer Umwelt erweitern. Deshalb scheint mir die Aufgabe eine Persönlichkeit gezielt herauszubilden und ihre Identität aufzubauen, für ein wichtiges Ziel des Philosophieunterrichts und gehört somit in den Kernkompetenzbereich der Vermittlung. Der Einfluss und Eingriff in den Aufbau der Identität gibt einem Individuum das Handwerkzeug auf den Weg, welches durch das gelernte Selbstdenken zu seiner Mündigkeit beiträgt. Philosophische Meinungsäußerungen können so in eine Diskussion argumentativ

---

[36] Vgl. Martens, Stuttgart 2010, S. 167.
[37] Vgl. Nummer-Winkler Gertrud: Identität: Das Ich im Lebenslauf. In: Das Ich im Lebenslauf: Thema: Lebens-Phasen, Psychologie Heute-Taschenbuch; 523, Beltz, Basel 1989, S. 101.
[38] Nummer-Winkler, Basel 1989, ebd.

folgerichtig und begrifflich klar einfließen.[39] Einsichten und Lernprozesse früherer Lebensphasen formen ein Individuum, auch wenn die eigenen Meinungen über bestimmte Sachverhalte sich im Laufe der Zeit ändern können. Eine erworbene Technik, wie das Schreiben oder das Lesen, egal wie sinnvoll eingesetzt oder nicht, bleibt Bestandteil unwiderruflicher Kompetenz einer Person.

Einwände gegen den Glauben an die Möglichkeit der Charakterbildung im Unterricht sind bei Psychologen auszumachen, denn einige postulieren, dass eine Persönlichkeitsstruktur flexibel sei. Ihrer Meinungen nach sei eine stabile Persönlichkeit, auch im Erwachsenenalter, reine Illusion.[40] Demnach ist Persönlichkeit keineswegs „der beständige innere Kern des Selbst, sondern vielmehr ein flexibles System, das sich mit jeder neuen Situation verändert"[41]. Ergebnisse von Jack Blocks Langzeitstudien, die er über fünfzig Jahre führte, zeichnen ein erweitertes und differenzierteres Bild des Sachverhalts. Er beschreibt darin, dass „fröhliche Jugendliche auch noch als Erwachsene optimistisch [waren] und diejenigen, die schon in der Schule ständig aneckten – Jungen zum Beispiel, [...] benahmen sich noch 30 Jahre später genauso und lagen ständig mit ihren Chefs oder Kollegen im Clinch."[42]

Dennoch spricht für die Flexibilität der Charakterstruktur das Ändern von Einstellungen und Verhaltensweisen auch im Erwachsenenalter. Diese Charakterflexibilität hilft, den wechselnden Anforderungen des Lebens gerecht zu werden. Festzuhalten bleibt, dass das Ziel der Persönlichkeitsbildung möglich scheint und ein wichtiger Bestandteil des Unterrichts sein sollte.[43] Schwarte bleibt Fürsprecher der Charakterbildung und kritisiert zu Beginn der Jahrtausendwende, dass Persönlichkeitsbildung an Schulen völlig aus dem Fokus geraten sei. Sein Vorwurf an die Bildungspolitik ist ihre technikfixierte Herangehensweise, die die Persönlichkeitsbildung seiner Meinung nach durch die Ausbildung für irgendwas ersetze.[44]

---

[39] Eine klare Meinung äußern zu können und mit folgerichtiger Argumentation zu überzeugen oder zumindest zum Nachdenken zu bewegen, ist eine Fähigkeit, die mir für ein vernünftiges Miteinander unabdingbar scheint. Relevanz bekommt diese Fähigkeit damit, dass sie die Diskussion und somit den Austausch fördert.
[40] Vgl. Peele, Stanton: Persönlichkeit: eine Illusion?. In: Das Ich im Lebenslauf: Thema: Lebens-Phasen, Psychologie Heute-Taschenbuch; 523, Beltz, Basel 1989, S.160.
[41] Pele, Ebd. S. 159.
[42] Pele, Ebd. S.161.
[43] Martens verwirft die These allerdings später im Text (dass der Lehrende zur Persönlichkeitsbildung verhilft), mit dem Einwand, dass es an der Wirklichkeit des Unterrichts vorbeigine und die Folgen eines Einflusses nicht messbar oder bewertbar seien. Vgl. Martens, Stuttgart 2010.
[44] Vgl. Schwarte, Johannes: Der Werdende Mensch: Persönlichkeitsentwicklung und Gesellschaft heute, Westdeutscher Verlag, Wiesbaden 2002, S. 235.

3. Wie soll vermittelt werden?

In der Philosophie werden fachübergreifende Themen in einen fachspezifischen Reflexionsprozess einbezogen, dieser Prozess fördert die Mündigkeit einer Person. In Kants Textauszug *Nicht Gedanken, sondern denken lernen*[45] beschreibt der Philosoph die Erwartungen an einen Lehrer im Allgemeinen.[46] Ihm zufolge sollte jeder Lehrer einen verständigen Menschen, einen vernünftigen Menschen und zuletzt einen gelehrten Menschen hervorbringen. Sei auch das letzte Ziel in manchen Fällen nicht zu erreichen, so machte man doch einen Menschen für das Leben fähig und klug.[47] Wenn also jeder Lehrer zum Leben befähigen und klüger machen soll, so ist dem Argument Martens (die Philosophie als Kulturtechnik zu behandeln) weiterhin nachzugehen.[48] Neben dem Lesen, Schreiben und Rechnen wäre das Philosophieren Lebensbefähigung einer anderen Ordnung.[49] Nach Martens sollte der Lehrende die Erfahrungen der Lernenden einbeziehen und ihnen im Prozess der Erkenntnis eine Stütze sein. Der Wissensschatz eines Lehrers sollte eine Bereicherung, in Form der Prozesshilfe, für die Schüler sein. Impulsfragen oder interessante Ideen sollten den Lernenden beflügeln neue Wege des Denkens zu finden. Weiterhin sollte ein Lehrender bereits bestehende Antworten auf Philosophische Fragen präsentieren und zur Diskussion bringen können.[50] Zwecke wie „Denkschulung, Handlungsorientierung oder Persönlichkeitsbildung"[51], sind als akzeptierte Nebeneffekte aufzufassen.[52]

Nelson, dessen Methode ich im nächsten Kapitel vorstellen werde, spricht sich vornehmlich gegen eine Meinungsäußerung des Lehrenden aus.[53] Seiner Ansicht nach sollte sich der Lehrende zwar zielführend und weisend verhalten, seinen eigenen Standpunkt jedoch bedeckt lassen. Diesem Postulat widerspricht Schaber, denn für die Entwicklung von Autonomie, sei es wichtig, unterschiedliche Standpunkte zur Kenntnis zu nehmen. Bedeutend

---

[45] Kant, Stuttgart 2010, S. 71 - 75.
[46] Er schreibt nicht explizit, dass diese Erwartung von einem Philosophie Lehrenden zu erwarten seien.
[47] Vgl. Kant, Stuttgart 2010, S. 72.
[48] „Eine Kulturtechnik ist Philosophie aber nicht im Sinne einer instrumentellen Fertigkeit, sondern im Sinne einer Handwerkskunst oder Kunstfertigkeit." Martens, Stuttgart 2010, S. 168.
[49] Dazu zähle ich auch das Fach Darstellendes Spiel, in Bezug auf (szenische) Interpretation und Verfahren, welche vereinzelt auch im Deutschunterricht auszumachen sind und Fähigkeiten des sich Ausdrückens vermitteln können. Die genannten Fächer (Philosophie/ Darstellendes Spiel/ Deutsch) thematisieren alle Lebensbereiche des Menschen von Gefühlen über Politik bis zu den ethischen Natur- und Tierwohl-Fragen. Dies können andere Fächer wie Politik, Biologie, Mathematik oder Geographie in diesem Ausmaß nicht leisten.
[50] Vgl. Martens, Stuttgart 2010, S. 167.
[51] Martens, Stuttgart 2010, S. 158.
[52] Martens unterstreicht das Philosophie sekundäre Zwecke, wie beispielsweise die Persönlichkeitsbildung, zwar anstreben darf, sie sollte seiner Ansicht nach aber vornehmlich der reinen Forschung dienen. Vgl. Martens, Stuttgart 2010, S. 158.
[53] Leonard Nelson (1882 - 1927).

sei zu vermitteln, dass es auch andere Standpunkte gibt. Das Verständnis über Meinungspluralität schaffe man mit der klaren Äußerung seiner Meinung.[54]

3.1 Die neosokratische Gesprächsgemeinschaft

Ein Vorschlag zur Frage „wie gelehrt werden soll" liefern Leonard Nelson (1882 - 1927) und sein Schüler Gustav Heckmann (1898 - 1996). Sie entwickelten eine eigene sokratische Lehrpraxis in Form einer Gesprächsgemeinschaft. Alle Teilnehmer dieser neosokratischen Gesprächsgemeinschaft nehmen wie der Lehrende die Rolle der *Hebamme* ein; Expertenkenntnisse sind im neosokratischen Gespräch nicht gefragt. Die Teilnehmerzahl sollte sich auf zehn Personen beschränken. Im Unterschied zum antiken Sokrates, äußert sich der Lehrende möglichst nicht zu den geäußerten Inhalten. Die Themen der Gespräche sind dadurch auf ethische und erkenntnistheoretische Fragen eingeschränkt.[55] Vorkenntnisse sind vom Lehrenden dennoch in jedem Falle zu erwarten, da dieser in seiner Unterstützerrolle der Kenntnis bedarf. Ferner muss er weiterführende Gedanken der Teilnehmer erkennen und akzentuieren können sowie Fragen und Antworten überschauen.[56] Der Lehrer fordert einen Teilnehmer auf den zuvor artikulierten Gedanken eines Kommilitonen/Schülers zu wiederholen. Das Wiederholen der fremden Gedanken versetzt den Teilnehmer in die Rolle des Anderen. Der Urheber des Gedankens soll dann wiederum diese Äußerung prüfen. Dies soll zu einem längeren Dialog zwischen den Teilnehmern führen, bis alle sich verstanden haben.[57]

---

[54] Vgl. Schaber, Stuttgart 2010, S. 148.
[55] Fragen wie: „Wann ist Gewalt legitim?", „Woran erkenne ich mein Irren?" oder „Wann ist Schadenfreude gerechtfertigt?" und „was heißt es Verantwortung zu übernehmen" halte ich für spannende Fragen die einen Dialog und das Selbstdenken fördern.
[56] In der Methode der neosokratischen Gespräche sehe ich eine Verknüpfung zu Kants didaktischer Forderung nach der Rollenübernahme.
[57] Vgl. Blesenkemper, Göttingen 2018, S. 25.

4. Fazit

Die ausgewählten Autoren und Texte bilden, wie man sich leicht vorstellen kann, nur einen Auszug der philosophiedidaktischen Forderungen und Ansichten, diese kommen jedoch meinen Einsichten zur Beantwortung der Leitfrage am nächsten. Zusammenfassend sollte der Philosophieunterricht, wie jedes andere Fach auch, dem Schüler ein Wissen oder Handwerkzeug im Bildungsprozess auf den Lebensweg geben. Des Weiteren sollte der Philosophieunterricht in jedem Falle auch die Wissensvermittlung garantieren.[58] Die Leistung des Faches sollte darin bestehen Methoden des Denkens und Selbstdenkens zu vermitteln. Diese Vermittlung steht und fällt meiner Meinung nach mit der Lehrkraft, die in der schwierigen Lage ist eine Balance zwischen der Wissensvermittlung und Diskussionsgelegenheiten zu finden.[59] Diskussionsgelegenheiten fördern den Ausdruck. Hat eine Person gelernt sich klar zu positionieren, dann wird diese auch ihre Meinung zum Ausdruck bringen wollen und können. Meinungsäußerung wird dann kein schweres Hindernis darstellen. Das Positionieren erfordert eine klare und nachvollziehbare Argumentationsstruktur. Wer die Fähigkeit besitzt sich klar auszudrücken, wird dieses Vermögen einsetzen. Wenn auch solche Fähigkeiten in der Spontanität des artikulierten Ausdrucks nicht zu Tage kommen, so können sie doch in schriftlicher Form von Nutzen sein und ein hilfreiches Werkzeug; ein Werkzeug, welches befähigt Gedankengerüste zu verschriftlichen, zu gestalten, zu hinterfragen und zu kritisieren. Kants didaktische Ziele (Mündigkeit, Emanzipation, Autonomie) sehe ich in der oben beschriebenen Kompetenz des Ausdrücken- und Denken-Könnens. Das Selbstdenken ist vergleichbar mit der kantischen Forderung sich mutig seines Verstandes zu bedienen. Damit wäre die Frage nach dem „was" und dem „wie" in aller Kürze beantwortet.

Die Frage nach einer dauerhaften Persönlichkeitsbildung kann, wenn sie als Kulturtechnik aufgefasst wird, als dauerhaft gelten, wenn auch Persönlichkeit als flexibel und änderbar gedacht wird. Mit einem Fundus an Methodenwissen kann ein Mensch sein Denken und Handeln mündiger hinterfragen. Lebensumstände und das soziale Milieu können aber den verständigsten, vernünftigsten, gelehrtesten Menschen auf einen moralischen Irrweg führen. Die Berührung mit der Idee der Rechenschaftgabe oder dem mündigen Gebrauch seines Verstandes kann den Zugang zum moralischen Irrweg deutlich erschweren und ist deshalb als tragende Leistung der Philosophie anzuerkennen.

---

[58] Auch in Verbindung zu der Sprachförderung von Schülern.
[59] Außerdem ist der Lehrende einem hohen Zeitdruck ausgesetzt.

5. Literaturverzeichnis

- Blesenkemper, Klaus: Kants Denkmaximen und ihre Anwendung als Maximen der Philosophiedidaktik. In: Angewandte Philosophie: Eine internationale Zeitschrift, Heft 1/2017, J. Hardy, O.R. Scholz (Hrsg.), V&R unipress GmbH, Göttingen 2018.
- Kant, Immanuel: Nicht Gedanken, sondern denken lernen. In: Texte zur Didaktik der Philosophie, (Hrsg.) Meyer Kirsten, Reclam, Stuttgart 2010.
- Klager, Christian: Epistemisches Spielen. Spielen als Methode des Philosophieunterrichts? In: Angewandte Philosophie: Eine internationale Zeitschrift, Heft 1/2017, J. Hardy, O.R. Scholz (Hrsg.), V&R unipress GmbH, Göttingen 2018.
- List, Eveline: Psychoanalyse: Geschichte, Theorien, Anwendungen, 2 Auflage, Facultas- und Buchhandels AG, Wien 2014.
- Martens, Ekkehard: Wozu Philosophie in der Schule, In: Texte zur Didaktik der Philosophie, (Hrsg.) Meyer Kirsten, Reclam, Stuttgart 2010.
- Nummer-Winkler, Gertrud: Identität: Das Ich im Lebenslauf. In: Das Ich im Lebenslauf: Thema: Lebens-Phasen, Psychologie Heute-Taschenbuch; 523, Beltz, Basel 1989.
- Peele, Stanton: Persönlichkeit: eine Illusion?. In: Das Ich im Lebenslauf: Thema: Lebens-Phasen, Psychologie Heute-Taschenbuch; 523, Beltz, Basel 1989.
- Runtenberg, Christa: Philosophieren mit Kindern über Fragen von Sterben und Tod im elementarpädagogischen Bereich. In: Angewandte Philosophie: Eine internationale Zeitschrift, Heft 1/2017, J. Hardy, O.R. Scholz (Hrsg.), V&R unipress GmbH, Göttingen 2018.
- Schaber, Peter: Wertevermittlung und Autonomie. In: Texte zur Didaktik der Philosophie, (Hrsg.) Meyer Kirsten, Reclam, Stuttgart 2010.
- Tangermann, Fritz: Deutsch Methodik: Praxishandbuch für die Sekundarstufe I und II, Gisela Beste (Hrsg.), Cornelsen 2015.
- Schwarte, Johannes: Der Werdende Mensch: Persönlichkeitsentwicklung und Gesellschaft heute, Westdeutscher Verlag, Wiesbaden 2002.